Pe. FÁBIO EVARISTO, C.Ss.R.

Novena em louvor ao Espírito Santo

SANTUÁRIO

DIREÇÃO EDITORIAL:
Pe. Fábio Evaristo Resende Silva, C.Ss.R.

COORDENAÇÃO EDITORIAL:
Ana Lúcia de Castro Leite

REVISÃO:
Manuela Ruybal

DIAGRAMAÇÃO E CAPA:
Bruno Olivoto

Textos bíblicos: *Bíblia de Aparecida*, Editora Santuário, 2006

ISBN 978-85-369-0449-8

3ª impressão

Todos os direitos reservados à **EDITORA SANTUÁRIO** – 2023

Rua Pe. Claro Monteiro, 342 – 12570-045 – Aparecida-SP
Tel.: 12 3104-2000 – Televendas: 0800 - 016 00 04
www.editorasantuario.com.br
vendas@editorasantuario.com.br

Vinde, Espírito de Deus

O Espírito Santo constitui a alma, a seiva vital da Igreja e de cada cristão: é o amor de Deus, que faz de nosso coração sua morada e entra em comunhão conosco. O Espírito Santo está sempre conosco, em nosso coração.

O próprio Espírito é "o dom de Deus" por excelência (cf. Jo 4,10); é um presente de Deus e a sua volta comunica a quem o acolhe diversos dons espirituais. A Igreja identifica sete dons do Espírito, número que simbolicamente significa plenitude, completude. São aqueles que se aprendem quando nos preparamos para o sacramento da Confirmação e que invocamos na antiga oração chamada "Sequência ao Espírito Santo". Os dons do Espírito Santo são: sabedoria, entendimento, conselho, fortaleza, ciência, piedade e temor a Deus. Convidamos você a celebrar esta novena, invocando os dons do Espírito Santo sobre sua vida.

Oração inicial

– Em nome do Pai, do Filho e do Espírito Santo. Amém!

– Vinde, ó Santo Espírito, nossas almas visitai, enchei nossos corações com vossa graça divinal. Vós sois chamado Intercessor, o Dom de Deus Altíssimo, a Fonte Viva, o Fogo, o Amor e a Espiritual Unção. Sois doador dos sete dons e sois poder na mão do Pai, por este prometido a nós, por nós seus feitos proclamai. Iluminai nosso entender, em nós vertei vosso amor, com vossa graça eternal, o fraco em nós robustecei. Nosso inimigo repeli e dai-nos logo vossa paz. E tendo um guia como vós evitaremos todo o mal. Fazei-nos conhecer o Pai, e o Filho revelai também. E que de ambos procedeis, fazei-nos firmemente crer.

Oração final

– Senhor, nosso Deus, quereis reunir numa mesma fé vossos filhos dispersos; iluminai o mundo inteiro com a luz de vosso Espírito. Quereis congregar, pelo único batismo no Espírito, todos os homens, que trazem o nome de Cristo, concedei que aqueles que creem tenham um só coração e uma só alma. Quereis que a humanidade seja cheia do Espírito Santo, dai aos homens a graça de construírem um mundo de justiça e paz. Enviai vosso Espírito, Senhor, e renovai o mundo inteiro. Isto vos peço, rezando: *Pai nosso, que estais nos céus...*

— Pelo mistério de Pentecostes, Senhor, santificai vossa Igreja em todos os povos; irradiai os dons do Espírito Santo sobre o universo. Continuai, ainda agora, por meio dos corações dos que creem, a realizar os prodígios que em vossa misericórdia realizastes desde o início da pregação evangélica. Que a força e a luz de vosso Espírito iluminem meus passos e os passos daqueles pelos quais hoje rezo... Em nome do Pai, do Filho e do Espírito Santo. Amém!

1º Dia
Sabedoria

1. Oração inicial *(p. 4)*

2. Palavra de Deus *(Sb 9,16-18)*

Mal podemos imaginar as coisas terrestres: descobrimos com fadiga aquelas ao alcance da mão; mas quem pode atingir as coisas do céu? Quem conheceria vosso desígnio, se não lhe concedêsseis a Sabedoria e não lhe enviásseis do alto vosso santo espírito? Assim foram endireitados os caminhos dos que estão na terra, os homens aprenderam o que vos agrada e por meio da Sabedoria foram salvos. Palavra do Senhor!

3. Meditação

O primeiro dom do Espírito Santo, segundo a tradição, é a Sabedoria. Mas não se trata simplesmente da sabedoria humana, que é fruto do conhecimento e da experiência. Na Bíblia, conta-se que Salomão, no momento da sua coroação como rei de Israel, tinha pedido o dom da Sabedoria (cf. 1Rs 3,9). E a Sabedoria é justamente isso: é a graça de poder ver cada coisa com os olhos de Deus. É simplesmente isso: é ver o mundo, ver as situações, as conjunturas, os problemas, tudo, com os olhos de Deus. Esta é a Sabedoria. Algumas vezes vemos as coisas segundo o nosso prazer ou segundo a situação do nosso coração, com amor ou com ódio, com inveja... Não, estes não são os olhos de Deus. A sabedoria é aquilo que faz o Espírito Santo em nós a fim de que nós vejamos todas as coisas com os olhos de Deus. É este o dom da Sabedoria (*Papa Francisco*).

4. Súplica

Ó Espírito Santo, concedei-me o dom da Sabedoria, a fim de que cada vez mais ame as coisas divinas, e, abrasado em vosso amor, busque com alegria as coisas do céu e me una para sempre a Jesus, sofrendo tudo por seu amor.

5. Oração final *(p. 4)*

2º Dia
Entendimento

1. Oração inicial *(p. 4)*

2. Palavra de Deus *(Tg 3,13-18)*

Quem dentre vós é sábio e inteligente? Que ele mostre por uma boa conduta suas obras feitas com mansidão e sabedoria. Mas, se tendes no coração um ciúme amargo e rivalidades, não vos orgulheis e não faleis mentiras contra a verdade. Não é esta a sabedoria que vem do alto: é terrestre, animal, diabólica; pois onde há ciúmes e rivalidades, aí reinam a desordem e todo o tipo de más ações. Mas a sabedoria que vem do alto é, antes de tudo, pura, depois pacífica, indulgente, conciliadora, cheia de misericórdia e de bons frutos, sem parcialidade e sem hipocrisia. É na paz que o fruto da justiça é semeado para aqueles que promovem a paz. Palavra do Senhor!

3. Meditação

O dom do entendimento não se trata da inteligência humana, da capacidade intelectual de que podemos ser mais ou menos dotados. Ao contrário, é uma graça que só o Espírito Santo pode infundir e que suscita no cristão a capacidade de ir além do aspecto externo da realidade e *perscrutar as profundidades do pensamento de Deus e de seu desígnio de salvação*. O dom do entendimento está *intimamente ligado à fé*. Quando *o Espírito Santo* habita nosso coração e ilumina nossa mente, faz-nos crescer dia após dia na *compreensão daquilo que o Senhor disse e levou a cabo*. O próprio Jesus disse aos seus discípulos: enviar-vos-ei o Espírito Santo e Ele far-vos-á entender tudo o que vos ensinei. Compreender os ensinamentos de Jesus, entender sua Palavra, compreender o Evangelho, entender a Palavra de Deus. Podemos ler o Evangelho e entender algo, mas, se lermos o Evangelho com esse dom do Espírito Santo, conseguiremos compreender a profundidade das palavras de Deus. Esse é um grande dom, uma dádiva enorme que todos nós devemos pedir, e pedir juntos: concedei-nos, ó Senhor, o dom do entendimento! (*Papa Francisco*).

4. Súplica

Ó Espírito Santo, concedei-me o dom do Entendimento, para que, iluminado pela luz celeste de vossa graça, entenda as sublimes verdades da salvação e a doutrina da santa religião.

5. Oração final *(p. 4)*

3º Dia
Conselho

1. Oração inicial *(p. 4)*

2. Palavra de Deus *(Pr 15,20-24)*

O filho sábio alegra seu pai, o homem insensato despreza sua mãe. A insensatez é alegria para quem é sem juízo, mas quem tem entendimento caminha retamente. Falham as decisões tomadas sem consulta, têm êxito quando há muitos conselheiros. É uma alegria saber dar uma resposta; como é agradável uma palavra oportuna! Para o homem sensato o caminho da vida é para cima, para salvá-lo do abismo que está embaixo. Palavra do Senhor!

3. Meditação

Sabemos como é importante, nos momentos mais delicados, poder contar com sugestões de pessoas sábias e que nos amam. Por meio do conselho é o próprio Deus, com seu Espírito, que ilumina nosso coração, fazendo com que compreendamos o modo justo de falar e de nos comportarmos e o caminho que devemos seguir. Mas como age esse dom em nós? No momento em que o recebemos e o hospedamos em nosso coração, o Espírito Santo começa imediatamente a tornar-nos sensíveis a sua voz e a orientar nossos pensamentos, sentimentos e intenções segundo o coração de Deus. Ao mesmo tempo, leva-nos cada vez mais a dirigir o olhar interior para Jesus, como modelo de nosso modo de agir e de nos relacionar com Deus Pai e com os irmãos. Portanto, o conselho é o dom com o qual o Espírito Santo torna nossa consciência capaz de fazer uma escolha concreta em comunhão com Deus, segundo a lógica de Jesus e de seu Evangelho (*Papa Francisco*).

4. Súplica

Ó Espírito Santo, concedei-me o dom do Conselho, tão necessário na vida, para que sempre escolha o que mais vos agrada, seguindo em tudo vossa divina vontade, e, com bons e carinhosos conselhos, socorra meus irmãos.

5. Oração final *(p. 4)*

4º Dia
Fortaleza

1. Oração inicial *(p. 4)*

2. Palavra de Deus *(2Cor 12,7-10)*

E porque essas revelações eram extraordinárias, para que não me orgulhasse, foi-me dado um espinho na carne, um anjo de Satanás encarregado de me bater – para que eu não me orgulhasse. Por isso, três vezes pedi ao Senhor para o afastar de mim. E ele me disse: "Basta-te minha graça: pois o poder se manifesta plenamente na fraqueza". É, pois, de boa vontade que me orgulharei sobretudo de minhas fraquezas, para que habite em mim o poder de Cristo. Por isso me comprazo em minhas fraquezas, nas injúrias, nos sofrimentos, nas perseguições, nas angústias suportadas por Cristo; pois quando sou fraco, é então que sou forte. Palavra do Senhor!

3. Meditação

Este dom da fortaleza é uma verdadeira ajuda, dá-nos força, liberta-nos também de tantos impedimentos. Há inclusive alguns *momentos difíceis* e *situações extremas* em que o dom da fortaleza se manifesta de forma extraordinária, exemplar. É o caso daqueles que devem enfrentar experiências particularmente difíceis e dolorosas, que transtornam sua vida e a de seus entes queridos. A Igreja resplandece com o testemunho de muitos *irmãos e irmãs que não hesitaram em oferecer a própria vida*, para permanecer fiéis ao Senhor e ao Evangelho. Também hoje não faltam cristãos que em várias partes do mundo continuam a celebrar e a testemunhar sua fé, com profunda convicção e serenidade, e resistem mesmo quando sabem que isso pode implicar um preço mais alto. Também nós, todos nós, conhecemos pessoas que viveram situações difíceis, muitas dores. Mas pensemos naqueles homens, naquelas mulheres, que enfrentam uma vida difícil, lutam para sustentar a família, educar os filhos: fazem tudo isso porque há o espírito de fortaleza que os ajuda (*Papa Francisco*).

4. Súplica

Ó Espírito Santo, concedei-me o dom da Fortaleza, para que despreze o respeito humano, fuja do pecado, pratique a virtude com santo fervor e enfrente com paciência os desprezos, perseguições e a própria morte, antes que renegar por palavras e por obras a nosso Senhor Jesus Cristo.

5. Oração final *(p. 4)*

5º Dia
Ciência

1. Oração inicial *(p. 4)*

2. Palavra de Deus *(1Cor 13,1-3)*

Se eu falo as línguas dos homens e dos anjos, mas não tenho amor, sou como o bronze que soa ou o címbalo que retine. Se eu tenho o dom da profecia e conheço todos os mistérios e toda a ciência, se eu tenho toda a fé, a ponto de transportar montanhas, mas não tenho amor, nada sou. Se eu distribuo todos os meus bens e se entrego meu corpo para ser queimado, mas não tenho amor, de nada me serve. Palavra do Senhor!

3. Meditação

A ciência que deriva do Espírito Santo não se limita ao conhecimento humano: trata-se de um dom especial, que nos leva a entender, por meio da criação, a grandeza e o amor de Deus e sua profunda relação com cada criatura. Quando são iluminados pelo Espírito, nossos olhos abrem-se à contemplação de Deus, na beleza da natureza e na grandiosidade do cosmos, levando-nos a *descobrir como tudo nos fala d'Ele e de seu amor*. Tudo isso suscita em nós um grandioso enlevo e um profundo sentido de gratidão! É a sensação que sentimos também quando admiramos uma obra de arte ou qualquer maravilha que seja fruto do engenho e da criatividade do homem: diante de tudo isso, o Espírito leva-nos a louvar o Senhor do profundo de nosso coração e a reconhecer, em tudo aquilo que temos e somos, um dom inestimável de Deus e um sinal de seu amor infinito por nós. O dom da ciência põe-nos em profunda *sintonia com o Criador,* levando-nos a participar na limpidez de seu olhar e de seu juízo (*Papa Francisco*).

4. Súplica

Ó Espírito Santo, concedei-me o dom da Ciência, para conhecer minhas misérias e fraquezas, a beleza da virtude, e possa ver claramente as ciladas do demônio, da carne e do mundo, para poder evitá-las.

5. Oração final *(p. 4)*

6º Dia
Piedade

1. Oração inicial *(p. 4)*

2. Palavra de Deus *(1Tm 4,5-9)*

Pois a palavra de Deus e a oração o santificam. Se tu explicas isso aos irmãos, serás um bom ministro do Cristo Jesus, nutrido dos ensinamentos da fé e da boa doutrina que tens seguido. Rejeita, porém, as fábulas profanas, conversas de gente velha. Exercita-te na piedade, porque o exercício físico não serve para muita coisa, mas a piedade é útil para tudo, pois ela tem a promessa da vida presente e da futura. Esta palavra é segura e digna de todo crédito. Palavra do Senhor!

3. Meditação

É necessário esclarecer imediatamente que o dom da piedade não se identifica com a compaixão por alguém, a piedade pelo próximo, mas indica nossa pertença a Deus e nosso vínculo profundo com Ele, um elo que dá sentido a toda a nossa vida e que nos mantém firmes, em comunhão com Ele, até nos momentos mais difíceis e atormentados. Esse vínculo com o Senhor não deve ser entendido como um dever ou imposição. É uma ligação que vem de dentro. Portanto, piedade é sinônimo de espírito religioso genuíno, de confiança filial em Deus e da capacidade de lhe rezar com amor e simplicidade, que é própria das pessoas humildades de coração. Se o dom da piedade nos faz crescer na relação e na comunhão com Deus, levando-nos a viver como seus filhos, ao mesmo tempo ajuda-nos a *derramar este amor também sobre os outros e a reconhecê-los como irmãos*. Então, sim, seremos impelidos por sentimentos de piedade – não de pietismo! – pelos que estão ao nosso lado e por quantos encontramos todos os dias. Por que razão digo não de pietismo? Porque alguns pensam que ter piedade significa fechar os olhos, fazer cara de santinho, disfarçar-se de santo. Em piemontês nós dizemos: ser *"mugna quacia"* ("fingido"). Não é esta a dádiva da piedade. O dom da piedade significa ser verdadeiramente capaz de se alegrar com quantos estão alegres, de chorar com quem chora, de estar próximo daquele que está sozinho ou angustiado, de corrigir quantos erram, de consolar quem está aflito, de acolher e socorrer aquele que está em necessidade. Há uma relação muito estreita entre o dom da piedade e a mansidão. A dádiva da piedade, que recebemos do Espírito Santo, torna-nos mansos, tranquilos, pacientes e em paz com Deus, pondo-nos ao serviço do próximo com mansidão (*Papa Francisco*).

4. Súplica

Ó Espírito Santo, concedei-me o dom da Piedade, que me fará sentir prazer na oração e amar a Deus com íntimo amor, como Pai, a Maria Santíssima, como Mãe, e a todos as pessoas como meus irmãos em Jesus Cristo.

5. Oração final *(p. 4)*

7º Dia
Temor de Deus

1. Oração inicial *(p. 4)*

2. Palavra de Deus *(Pr 2,1-6)*

Meu filho, se acolheres minhas palavras e guardares dentro de ti meus mandamentos, prestando ouvido à sabedoria, inclinando teu coração ao entendimento, se invocares o discernimento e chamares a inteligência, se a buscares como a prata e a procurares como um tesouro, então compreenderás o temor de Deus e encontrarás o conhecimento do Senhor. Porque é Deus quem dá a sabedoria, de sua boca provêm a ciência e a inteligência. Palavra do Senhor!

3. Meditação

Quando o Espírito Santo faz sua morada em nosso coração, infunde-nos consolação e paz, levando-nos a sentir-nos como somos, isto é, pequeninos, com aquela atitude – tão recomendada por Jesus no Evangelho – de quem põe todas as suas preocupações e expectativas em Deus, sentindo-se abraçado e sustentado por seu calor e por sua salvaguarda, precisamente como uma criança com seu pai! É isso que faz o Espírito Santo em nossos corações: leva-nos a sentir-nos como crianças no colo de nosso pai. Então, neste sentido, compreendemos bem que o temor de Deus assume em nós a forma da docilidade, do reconhecimento e do louvor, enchendo de esperança nosso coração. Com efeito, muitas vezes não conseguimos entender o desígnio de Deus e damo-nos conta de que não somos capazes de assegurar sozinhos nossa felicidade e a vida eterna. Mas é precisamente na experiência de nossos limites e de nossa pobreza que o Espírito nos conforta e nos leva a sentir que a única coisa importante é deixar-nos conduzir por Jesus para os braços de seu Pai. Eis por que motivo temos tanta necessidade desse dom do Espírito Santo. O temor de Deus faz-nos ter consciência de que tudo é graça e que nossa verdadeira força consiste unicamente em seguir o Senhor Jesus e em deixar que o Pai possa derramar sobre nós sua bondade e misericórdia (*Papa Francisco*).

4. Súplica

Ó Espírito Santo, concedei-me o dom do Temor de Deus, para que sempre me lembre com reverência e profundo respeito de vossa divina presença e procure jamais vos ofender.

5. Oração final *(p. 4)*

8º Dia
Viver segundo o Espírito

1. Oração inicial *(p. 4)*

2. Palavra de Deus *(Rm 8,5-9)*

De fato, os que seguem os desejos da carne gostam do que é carnal; os que seguem as inspirações do Espírito apreciam o que é espiritual. Os desejos da carne levam à morte, ao passo que os desejos do Espírito levam à vida e à paz; pois os desejos da carne são revolta contra Deus: ela não se submete à Lei de Deus, nem o poderia. Os que vivem dominados pela carne não podem agradar a Deus. Vós não viveis dominados pela carne, mas guiados pelo Espírito, se de fato o Espírito de Deus habita em vós. Quem não possui o Espírito de Cristo não lhe pertence. Palavra do Senhor!

3. Meditação

Uma vida segundo o Espírito Santo não significa uma vida desvinculada de si mesma. A vida humana é composta de diversas dimensões, entre elas temos as dimensões biológica e espiritual. Porém, precisamos reconhecer que, quando a vida espiritual vai mal, as outras dimensões acabam indo mal. Quando se vive uma espiritualidade sadia, consegue-se lidar melhor com os males físicos e psíquicos. Temos de valorizar a vida espiritual, uma vida segundo o Espírito Santo de Deus. É ele que dá sabor e sentido para a vida. Uma vida sem o auxílio do alto é fadada ao fracasso. Quantas pessoas doentes no espírito, quantas pessoas perdidas! Precisamos ter uma vida no Espírito para que todos sejamos saudáveis, fortes, esperançosos, para que não desanimemos diante das limitações humanas e dos poderes do mal.

4. Súplica

Senhor Jesus Cristo, vós nos ensinastes: "Amai-vos uns aos outros como eu vos amo". Pelo poder de vosso Espírito, fortalecei em mim esse amor. Arrependo-me do mal que causei a meus irmãos e quero corrigir os prejuízos que porventura lhes tenha causado. Por Cristo, vosso Filho, na unidade do Espírito Santo. Amém.

5. Oração final *(p. 4)*

9º Dia

Maria, esposa do Espírito Santo

1. Oração inicial *(p. 4)*

2. Palavra de Deus *(Lc 1,30-35)*

Disse o anjo a Maria: "Não tenhas medo, Maria, porque Deus se mostra bondoso para contigo. Conceberás em teu seio e darás à luz um filho e lhe porás o nome de Jesus. Ele será grande e será chamado Filho do Altíssimo". Maria, porém, perguntou ao anjo: "Como será isto, se eu não vivo com um homem". Respondeu-lhe o anjo: "O Espírito Santo descerá sobre ti e a força do Altíssimo te cobrirá com sua sombra. Por isso, o Santo que vai nascer será chamado Filho de Deus". Palavra da Salvação!

3. Meditação

Na tentativa de expressar com palavras humanas aquele momento único da encarnação do Senhor, alguns teólogos compararam a presença dinâmica do Espírito Santo na pessoa de Maria com o início da criação, quando, segundo o Gênesis (1,2), o Espírito de Deus soprava forte sobre as águas, ou seja, separava os elementos, ordenava-os, permitindo o nascimento da vida na terra. Dar a vida é uma das atribuições do Espírito Santo. Na primeira criação, o Espírito como que fecundou a Natureza. Na segunda criação, inaugurada na Anunciação, o Espírito Santo não só fecundou Maria que, como mulher, concebeu e deu início a uma vida, mas também tornou-se autor daquele que mais tarde declarou explicitamente: "Eu sou a vida" (Jo 11,25; 14,6).

4. Súplica

Ó Virgem Imaculada, aquele, que armou sua tenda em ti, enriqueceu-te com os sete dons de seu Santo Espírito, como sete pedras preciosas. Primeiro, ornou-te com o dom da Sabedoria, em força do qual foste divinamente elevada ao Amor dos amores. Depois, deu-te o dom do Entendimento, pelo qual subiste às culminâncias do esplendor hierárquico. O terceiro dom com que foste agraciada foi o do Conselho, que te fez virgem prudente, atenta e perspicaz. O dom da Ciência que recebeste foi confirmado pelo próprio magistério de teu Filho. O quinto dom, o da Fortaleza, manifestaste-o na firme perseverança, na constância e no vigor contra as adversidades. O dom da Piedade fez-te clemente, piedosa, compreensiva, porque tinhas infusa a caridade. Pelo sétimo dom, o Temor de Deus transpareceu em tua vida simples e respeitosa diante da imensa majestade. Alcança-me estes dons, ó Virgem três vezes bendita, tu, que mereceste ser chamada o Sacrário do Espírito Santo. Amém (*Santo Ildefonso*, séc. VII).

5. Oração final *(p. 4)*

Índice

Vinde, Espírito de Deus 3

Oração inicial 4

Oração final 4

1° dia: Sabedoria 6

2° dia: Entendimento 8

3° dia: Conselho 11

4° dia: Fortaleza 14

5° dia: Ciência 17

6° dia: Piedade 19

7° dia: Temor de Deus 22

8° dia: Viver segundo o Espírito 25

9° dia: Maria, esposa do Espírito Santo 27

Este livro foi composto com as famílias tipográficas Bellevue e Calibri
e impresso em papel Offset 75g/m² pela **Gráfica Santuário.**